AF316278

Heureuse de l'hommage spontané rendu, par un des
membres du Barreau de Vendôme, à la mémoire de
M. Jourdain, sa famille a fait tirer à part quelques exem-
plaires de la notice nécrologique publiée dans le journal
Le Loir du 14 janvier 1856.

VENDÔME, IMPR. LEMERCIER.

Le Barreau de Vendôme vient de faire une perte difficile à réparer, et qui sera longtemps et vivement sentie par la ville et par l'arrondissement de Vendôme tout entier. Une mort prématurée nous a enlevé, à l'âge de cinquante ans à peine, M. Élie-Jules JOURDAIN, qui, depuis 1832, exerçait avec tant de distinction les fonctions d'avoué plaidant près le Tribunal.

Depuis longtemps travaillé d'un mal qui ne pardonne guère, et que contribuait à aggraver l'ardeur de son zèle pour tous les intérêts qui lui étaient confiés et qu'il prenait en main, M. Jourdain en ressentit une plus vive atteinte dans les derniers jours de décembre; on lui conseilla d'aller consulter à Paris des hommes spéciaux, et c'est là que la mort l'a frappé, loin de sa ville, mais entouré de tous les siens, accourus de toutes parts pour recevoir les derniers embrassements du chef de famille.

Sa dépouille mortelle a été pieusement ramenée à Vendôme, et le 8 janvier nous avons assisté à une cérémonie funèbre que l'empressement et le recueillement publics rendaient éclatante. On voyait se presser autour de ce cercueil des citoyens de tous rangs, venus de tous les points de l'arrondissement: prêtres, magistrats, officiers publics, négociants, artisans, riches et pauvres.

La physionomie de cette solennité funéraire reflétait merveilleusement le caractère du défunt, et le cachet spécial de son existence et de ses travaux.

Toutes les classes de la société venaient rendre un dernier hommage à celui qui, pendant sa vie, s'était fait et était devenu réellement l'homme de tous.

Officier ministériel intègre et sans reproche, jurisconsulte éclairé, défenseur à la parole émouvante et lucide, presque toujours choisi par ses confrères pour présider leur compagnie, M. Jourdain avait obtenu, dans le titre de juge suppléant près notre Tribunal, une récompense méritée.

Membre du Conseil municipal de notre ville, fabricier de l'église paroissiale de la Trinité, vice-président de la Conférence de Saint-Vincent-de-Paul, il laisse en mourant un vide à la fois dans la Magistrature, dans le Barreau, dans l'Administration municipale, et dans cette Église militante dont il était l'enfant soumis, le défenseur énergique et éclairé. Les pauvres perdent en lui ce que la langue antique appelait un *patron*, c'est-à-dire un homme toujours prêt à les aider de sa parole, de ses conseils et de sa bourse. Aussi voyait-on avec attendrissement figurer dans le cortége les enfants des écoles des frères de la Doctrine chrétienne, des sœurs de la Providence et de la maison des Orphelines, ainsi qu'une foule compacte d'indigents.

Les coins du drap mortuaire étaient tenus par MM. Boutrais, président du Tribunal civil de Vendôme et membre du Conseil général, Peltereau, maire de la Ville, de Guillebon, substitut du Procureur impérial et président de la Société de Saint-Vincent-de-Paul, de Coulaine, de Beaumont, Abel de Brunier, Martellière, membre du Conseil général, et Martellière-Bourgogne, président de la Chambre des Avoués.

L'affluence, déjà considérable à l'église, n'a fait que grossir jusqu'au cimetière ; c'était comme un deuil public. S'il est vrai que la sympathie allége la douleur, l'honorable famille qu'afflige ce malheur peut puiser une consolation dans l'idée que toute une population s'associe à sa peine profonde. Le souvenir que laisse après lui M. Jourdain est ineffaçable. Longtemps, au Barreau, nous redemanderons ce confrère au commerce aimable et facile, cet orateur à la parole pleine de verve et d'entrain, cet *ancien* si jeune encore et pourtant vieilli par le travail et par une pratique assidue de viugt-cinq années.

Le Tribunal recherchera souvent ce jurisconsulte, dont l'original bou sens et la saillie rapide éclaircissaient une question obscure.

Le Conseil municipal, où il arrivait à peine, et où déjà il avait marqué sa présence par la pratique des affaires, regrettera cet homme de bons principes, zélé pour le bien public. Mais la religion et la charité ont surtout perdu un soutien énergique, un propagateur dévoué, véritable missionnaire laïque. C'est dans les annales de cette Société de Saint-Vincent-de-Paul, dont il avait été, à Vendôme, un des fondateurs, et dont il est resté, jusqu'à son dernier jour, un membre et un chef puissant par son sincère amour de Dieu et des pauvres, que vivra à jamais la mémoire de celui que nous pleurons.

Sa mort fut le couronnement de sa vie :

Foi, Courage et Résignation. Et c'est le spectacle de cette mort édifiante qui doit surtout être la consolation de la famille pieuse et croyante qu'il laisse sur cette terre.

Nous nous arrêtons avec une respectueuse discrétion devant le sanctuaire de la douleur privée. Que ses parents et ses amis pleurent en lui le parent et l'ami au cœur chaud et sympathique, l'homme d'intérieur égal et enjoué, le père de famille aux principes sûrs, nous devons, nous, payer, au nom du pays, l'hommage que mérite de ses concitoyens l'officier ministériel et l'homme de bien, dont chaque jour et chaque veille ont été, avec une noble et généreuse intégrité, consacrés au public.

DE LA HAUTIÈRE.

Vendôme, 10 janvier 1856.

9 782329 008271